ボディービルダー用食事レシピ45:

10日以内に筋肉量を増やそう!

ジョセフ　コレア著

Joseph Correa

公認スポーツ栄養士

著作権

© 2016 Finibi Inc

無断複写・転載を禁じます。

1976年米国著作権法の107項、もしくは108項で許可されている範囲外での、本書の無断複写、転載は違法です。

この刊行物は、主題内容に関して、正確で信頼できる情報を提供するよう意図されています。

著者も発行者も、医療アドバイスは提供はしていないという理解の上で、本書は販売されています。もし医療アドバイスやアシスタントが必要な場合は、医師にご相談下さい。

本書はガイドであり、あなたの健康を損なう方法で使用されるべきではありません。栄養プランを始める前に、医師に相談し、そのプランがあなたに合ったものかご確認下さい。

著者からの挨拶

家族からの動機づけと協力なしには、本書の実現と成功はなかったでしょう。

ボディービルダー用食事レシピ45:

10日以内に筋肉量を増やそう!

ジョセフ　コレア著

Joseph Correa

公認スポーツ栄養士

目次

著作権

著者からの挨拶

著者について

はじめに

ボディービルダー用食事レシピ45：10日以内に筋肉量を増やそう！

著者によるその他の作品

著者について

公認スポーツ栄養士やプロのスポーツ選手として、より早く、効率的に目標到達するには、適した栄養素の摂取が重用だと考えます。何年にもおいて私が健康でいられるのは、私の知識や経験のおかげで、家族や友達にもそれらの知識や経験を共用しています。健康な食事や水分の摂り方を知れば知るほど、自分の食生活や人生をより早く改善したいと思うでしょう。体重管理において成功することは重要であり、人生のあらゆる面を改善するでしょう。栄養素は体調を整える過程において、重要な鍵になり、この本はそれについて書かれています。

はじめに

ボディービルダー用食事レシピ45は1日のたんぱく質摂取量を増やし、筋肉量の増加を促します。これらの食事は、健全に大量のたんぱく質を食生活に取り入れることによって、組織的に筋肉を増やすことを可能にします。忙しすぎて正しい食事が摂れないという問題を抱えることがありますが、だからこそ、この本は時間を節約しながら、到達したい目標を達成できるよう体に栄養素を与えることを可能にするのです。自分で料理する、または誰かに料理してもらうことにより、自分が何を食べているのか認識しましょう。

この本によって：

—筋肉量を早く増やすことができる

—エネルギー量が上がる

—代謝を自然に促進し、筋肉をつけることができる

—消化器官の働きを改善する

ジョセフ　コレアは公認スポーツ栄養士であり、プロのスポーツ選手です。

ボディービルダー用食事レシピ 45

朝食

1. アーリーライザーブレックファスト（早起きの人の朝食）

この高たんぱく、高炭水化物のオーブンで調理できる朝食で、異化状態の体を、筋力増強できる状態へ戻します。グレープフルーツとアスパラガスで、1日に必要な摂取量の半分以上のビタミンCが摂取できます。

材料（1人前）：

卵白6個分

調理済みのキノアと玄米のミックス　½カップ

アスパラガスの芽3本、スライス

ピンクグレープフルーツ　½個

赤ピーマン　小1個、スライス

無味ホエープロテインパウダー1杯

にんにく1片、つぶしたもの

オリーブオイル、スプレー程度

塩、胡椒

下準備時間：10分

調理時間：15－20分

作り方：

オーブンを200℃（ガスなら6）に温める。キャストアイアンスキレットにオリーブオイルを軽くスプレーします。

中サイズのボウルに、卵白、塩、胡椒を入れ、泡状まで泡立てます。

スキレットにキノアと玄米のミックスを入れ、先ほど泡立てた卵白を注ぎ、アスパラガスと赤ピーマンのスライスを加えます。

卵が調理されるまで15－20分ほどオーブンで焼きます。

栄養素（1人前）：407kcal、たんぱく質52g, 炭水化物40g (食物繊維5g , 糖分8g), 脂質2g, カルシウム15%, 鉄分12%, マグネシウム19%, ビタミンA26%, ビ

タミンC 63%, ビタミンK 48%, ビタミンB１ 12%, ビタミンB２ 69%, ビタミンB９ 26%

2.　パワーボウル

パワーボウルはその名にふさわしく、高たんぱくの卵白にエネルギー源のオートミールを加えたものです。ウォルナッツで健康な脂質を加え、蜂蜜でほんのり甘さを加えます。

材料（1 人前）：

卵白 6 個分

調理済みインスタントオートミール　½ カップ

ウォルナッツ 1/8 カップ

ベリー ¼ カップ

生蜂蜜小さじ 1 杯

シナモン

下準備時間: 10 分

調理時間: 5 分

作り方:

卵白をあわ立て、弱火にかけたスキレットで調理します。

オートミールと調理済みの卵白をボボウルに入れ、混ぜます；シナモンと生蜂蜜を加え、混ぜます。

上にベリー、バナナ、そしてウォルナッツをのせます。

栄養素（１人前）：344kcal, たんぱく質 30g, 炭水化物 33g (3g 食物繊維, 糖質 23g), 脂質 11g (飽和脂肪 2g), 鉄分 10%, マグネシウム 15%, ビタミンＢ１ 10%, ビタミンＢ２ 11%, ビタミンＢ５ 15%

3. ピーマンのツナ詰め

Ｂ１２がたくさん摂取できる手軽で栄養素の高い料理です。高たんぱくとして、ツナは筋肉増加に適した朝食のオプションです。もし炭水化物が欲しいなら、全粒小麦のトーストを１枚付け足すのもよいでしょう。

材料（２人前）：
ツナの水煮缶（185ｇ）、半分水切りしたもの２缶
固ゆで卵　３個
新たまねぎ　１個、みじん切り
ピクルス小　５個、角切り
塩、胡椒
ピーマン　４個、半分に切り種を取り除く

下準備時間: 5 分
調理時間: 10 分

作り方:

ツナ、卵、新たまねぎ、ピクルスと塩胡椒をフードプロセッサーに入れ、滑らかになるまで混ぜます。
半分に切ったピーマンに、混ぜ物を詰め、いただきます。

ボディービルダー用食事レシピ 45

栄養素（１人前）：480kcal, たんぱく質 46g, 脂質 16g (飽和脂質 4g), 炭水化物 8g （食物繊維 2g , 糖質 4g), マグネシウム 28% , ビタミンA 94% , ビタミンC 400%, ビタミンE 12%, ビタミンK　67%,　ビタミンB１ 18%,　ビタミンB２　32%, ビタミンB３ 90%, ビタミンB５ 20%, ビタミンB６　56%, ビタミンB９ 18% , ビタミンB１２　284%

4. ギリシャヨーグルトのフラックスシードとリンゴ和え

従来からある卵白を使った筋肉増加の朝食から抜け出し、高たんぱくのリンゴ風味ギリシャヨーグルトを試すのはどうでしょう。全粒のフラックスシードを使用することで、食物繊維の摂取量を増やすことができるので、一晩水につけておき、消化に優しい柔らかさにしておきましょう。

材料（1人前）：

ギリシャヨーグルト　1カップ

リンゴ　1個、薄くスライス

フラックスシード　大さじ2杯

シナモン　小さじ1/4杯

ステビア　小さじ1杯

塩　少々

下準備時間：5分

調理時間：45分

作り方：

オーブンを１９０℃（ガスなら５）に温める。テフロン加工のシートにリンゴを並べ、シナモン、ステビア、塩をふり、ホイルでカバーし、柔らかくなるまで４５分程焼きます。

オーブンから取り出し、３０分熱をとります。

ギリシャヨーグルトをボウルに入れ、リンゴとフレックスシードを載せ、いただきます。

栄養素（１人前）: 422kcal, たんぱく質 22g, 炭水化物 39g （食物繊維 7g, 糖質 22 g）, 脂質 21g （ 飽和脂質 8 g ）, カルシウム 14%, マグネシウム 22%, ビタミンＣ 14%, ビタミンＢ１ 24%, ビタミンＢ１２ 13%

5. ピーマンの輪切り、"フィットグリッツ"添え

美味しく、見た目も特別な朝食です。ピーマンの輪切りと"フィットグリッツ"が筋肉のエネルギー源となり、1日持続する活力を与えます。色合いが良く、栄養価が高いだけでなく、ビタミンB1が多く摂れる朝食です。

材料（1人前）：

卵白　6個分

卵　2個

玄米ファリーナ　¼カップ

生のほうれん草　1カップ

ピーマン　½カップ

チェリートマト1カップ

オリーブオイル　スプレー程度

塩、胡椒

下準備時間：10分

ボディービルダー用食事レシピ 45

調理時間：１５分

作り方：

卵白に塩、胡椒を一つまみ加え、あわ立てます。テフロン加工のフライパンに油を熱し、卵白とファリーナを調理します。

ほうれん草を加え、シナッとするまであわせ炒めます。

スキレットにオリーブオイルを軽くスプレーし、中火にかけておきます。ピーマンを輪切りにし、２個の輪を作り、スキレットにおき、それぞれの輪のなかに卵を割りいれます。卵が白くなるまで火を通します。

卵白とファリーナの炒めたものと、調理したピーマンの輪切りをお皿に盛り、チェリートマトを添えていただきます。

栄養素（１人前）: 495kcal, たんぱく質 45g, 炭水化物 45g（食物繊維 3g, 糖質 7g）, 脂質 11g（飽和脂質 3g）, カルシウム 9%, 鉄分 14%, マグネシウム 20%, ビタミンＡ 35%, ビタミンＣ 32%, ビタミンＢ２ 91%, ビタミンＢ５ 22%, ビタミンＢ６ 12%, ビタミンＢ１２ 15%

6.　アーモンドミルクスムージー

１０分もあれば、このビタミンＤとＢ１値の高い朝食が準備できます。たくさん作って、冷凍庫で保存しておけば、忙しい朝でも手軽にとれる朝食となります。

材料（２人前）：

アーモンドミルク　１カップ

冷凍ミックスベリー　１カップ

ほうれん草　１カップ

バナナ味のプロテインパウダー　１杯

チアシード　大さじ１杯

下準備時間：１０分

調理時間：なし

作り方：

材料を全てミキサーに入れ、滑らかになるまでかけます。グラス２つに均等に注ぎ、いただきます。

ボディービルダー用食事レシピ 45

栄養素（１人前）：295kcal, たんぱく質 26g, 炭水化物 32g(食物繊維 4g, 糖質 13g), 脂質 9g, カルシウム 40%, 鉄分 20%, マグネシウム 12%, ビタミンA 50%, ビタミンC 40%, ビタミンD 25%, ビタミンE 57%, ビタミンB１ 213%, ビタミンB９ 18%

7. プロテイン入りパンプキンパイパンケーキ

小麦のことは忘れて、美味しく新鮮なパンプキンを加えたオート麦のパンケーキはどうでしょう。ノンカロリーのシロップをかけて、普通の食事と変わらない美味しさの高たんぱくの朝食をエンジョイしましょう。

材料（1人前）：

オールドファッションオート麦 1/3 カップ

パンプキン ¼ カップ

卵白 ½ カップ

シナモン味のプロテインパウダー 1 杯

シナモンパウダー 小さじ 1/2 杯

オリーブオイル スプレー程度

下準備時間：5分

調理時間： 5分

作り方：

ボウルに全ての材料をいれ、混ぜます。中くらいのサイズのスキレットにオリーブオイルをスプレーし、中火にかけます。

混ぜた生地をスキレットに入れ、表面に泡がでてきたら、裏返します。両面ともきつね色になったらお皿に盛り、いただきます。

栄養素（1人前）：335kcal, たんぱく質 39g, 炭水化物 37g（　植物繊維 6g, 糖質 1 g),　脂質 6g, カルシウム 14%, 鉄分 15%, マグネシウム 26%, ビタミンＡ 60%, ビタミンＢ１　26%, ビタミンＢ２　37%, ビタミンＢ５　10%, ビタミンＢ６　31%

8.　高たんぱくオートミール

プロテインパウダーとアーモンドで、たんぱく質豊富な1日のスタートを過ごしながら、何時間もお腹を満たしてくれる十分な量の炭水化物も摂取しましょう。フルーツ味のオートミールがお好みでしたら、バナナ味のプロテインパウダーにしましょう。

材料（1人前）：

インスタントのオートミール　2パック（1パック28g）

アーモンドプードル　¼カップ

バニラ味のホエープロテインパウダー　1杯

シナモン　大さじ1杯

下準備時間：5分

調理時間：5分

作り方：

インスタントのオートミールをボウルに入れ、プロテインパウダーとシナモンと混ぜます。熱湯を加え、混ぜます。アーモンドプードルをトッピングし、いただきます。

栄養素（1人前）：436kcal, たんぱく質 33g, 炭水化物 45g (食物繊維 10g, 糖質 4g), 脂質 15g (飽和脂質 1g), カルシウム 17%, 鉄分 19%, マグネシウム 37%, ビタミン E 44%, ビタミン B1 21%, ビタミン B2 21%

9.　高たんぱくスクランブルエッグ

この 51g のたんぱく質が詰まった食事で、ハードなトレーニングも乗り切れるよう筋肉に力を与えましょう。野菜やターキーソーセージの入った卵白のスクランブルエッグで、炭水化物と豊富なビタミンを摂りましょう。

材料（1人前）：

卵白　8個分

ターキーソーセージ　2本、みじん切り

たまねぎ大　1個、こま切り

赤ピーマン　1カップ、こま切り

トマト　2個、こま切り

ほうれん草　2カップ、みじん切り

オリーブオイル　小さじ1杯

塩こしょう

下準備時間：10分

調理時間：10－15分

作り方：

卵白に塩こしょうをし、泡立つまで混ぜ、おいておきます。

テフロン加工のフライパンに油をひき、たまねぎとピーマンをやわらかくなるまで炒めます。塩こしょうで味つけします。ターキーソーセージを加え、きつね色になるまで焼き、火を弱め、卵白を加え、スクランブルにします。

卵に火が大体とおったら、トマトとほうれん草を加え、2分ほど火を通して、いただきます。

栄養素（1人前）：475kcal, たんぱく質 51g, 炭水化物 37g（　食物繊維 10g, 糖質 18g), 脂質 10g（　飽和脂質 2g), カルシウム 14%, 鉄分 23%, マグネシウム 37%, ビタミン A 255%, ビタミン C 516%, ビタミン E 25%, ビタミン K 397%, ビタミン B1 22%, ビタミン B2 112%, ビタミン B3 29%, ビタミン B5 19%, ビタミン B6 51%, ビタミン B9 65%

10. フルーツとピーナツバターのスムージー

1日に必要なカルシウムを摂取するのに、このストロベリー味のスムージー以外に良い方法はありません。ミネラル、ビタミン、たんぱく質、エネルギー源の炭水化物が含まれるこのスムージーは、1日のスタートに最適な一品です。

材料（1人前）：

ストロベリー中　15個

ピーナツバター　大さじ1 1/3杯

豆腐 85g

無脂肪ヨーグルト　½ カップ

無脂肪牛乳　¾ カップ

プロテインパウダー　1杯

氷　8個

下準備時間：5分

調理時間：なし

作り方：

ミキサーに牛乳を入れ、ヨーグルトを入れ、そして残りの材料を全て入れます。全ての材料が混ざり、泡立つまで混ぜます。グラスに注ぎ、いただきます。

材料（1人前）： 472kcal, たんぱく質 45g , 炭水化物 40g (食物繊維 6g, 糖質 31g), 脂質 13g (飽和脂質 4g), カルシウム 110%, 鉄分 35%, マグネシウム 27%, ビタミンA 30%, ビタミンC 190%, ビタミンE 11%, ビタミンB1 13%, ビタミンB2 24%, ビタミンB5 10%, ビタミンB6 18%, ビタミンB9 17%, ビタミンB12 12%

11. ホエープロテイン入りマフィン

ヘルシーなオーツとチョコレート味のプロテインパウダーで、このマフィンはいつものオートミールに代わる 1 品となります。ミルクをグラス 1 杯足すことによって、たんぱく質と炭水化物に加えて、カルシウムとビタミンDが豊富に摂れます。

材料（マフィン 4 個―2 人前）：

ロールオーツ　1 カップ

卵　1 個

卵白　5 個分

チョコレート味のホエープロテインパウダー½ 杯

オリーブオイル　スプレー程度

低脂肪ミルク　2 カップ、付け合せドリンク用

下準備時間：2 分

調理時間：15 分

作り方：

オーブンを 190℃（ガス　5）に温めます。

全ての材料を 30 秒ほど混ぜ合わせます。マフィン型にオリーブオイルをスプレーし、混ぜたものを流し込みます。オーブンで 15 分焼きます。

オーブンから取り出し、冷まして、グラス 1 杯のミルクと一緒にいただきます。

材料（1 人前、ミルクも含む）：330kcal, たんぱく質 28g, 炭水化物 37g （　食物繊維 9g, 糖質 13g　）, 脂質 6g （　飽和脂質 5g）, カルシウム 37%, 鉄分 22%, マグネシウム 19%, ビタミンＡ　12%, ビタミンＤ　34%, ビタミンＢ１　44%, ビタミンＢ２　66%, ビタミンＢ５ 25%, ビタミンＢ６　11%, ビタミンＢ１２　24%

12. スモークサーモンとアボカド、トースト添え

厳しいトレーニングをしていて、時間に余裕がありませんか？この美味しい朝食は 5 分もあれば出来上がります。サーモンもアボカドも健康な酸が豊富に含まれており、また、この 1 品で、あなたのやる気を起こすに十分なたんぱく質と炭水化物が摂れます。

材料（2 人前）：

スモークサーモン 300g

アボカド中　2 個、種を除き、皮をむく

レモン½個、ジュース

テラゴンの葉ひとつかみ、みじん切り

全粒小麦のパン　2 切れ、トーストしたもの

下準備時間：5 分

調理時間：なし

作り方：

アボカドをぶつ切りにし、レモン汁と混ぜます。ス モークサーモンをねじりおり、お皿に並べ、アボカ ドとタラゴンを散らします。全粒小麦のトーストと いただきます。

栄養素（1人前）：550kcal, たんぱく質 34g, 炭水化物 37g（ 食物繊維 12g, 糖質 4g）, 脂質 30g（ 飽和脂質 5g ）, 鉄分 17%, マグネシウム 24%, ビタミンＣ 25%, ビタミンＥ 27%, ビタミンＫ 42%, ビタミンＢ１ 16%, ビタミンＢ２ 24%, ビタミンＢ３ 55%, ビタミンＢ５ 35%, ビタミンＢ６ 40%, ビタミンＢ９ 35%, ビタミンＢ１２ 81%

13.　ブレックファストピザ

高カロリーで栄養を含まないピザを忘れて、この美味しい 1 品に置き換えましょう。　ヘルシーで、おなかを満たし、たった 20 分で、高たんぱく、ミネラルやビタミンが豊富に含まれた 1 品ができあがります。

材料（1 人前）：

全粒小麦のピタパン小　1 枚

卵白　3 個分

卵　1 個

低脂肪モッツアレラチーズ　¼ カップ

新たまねぎ　1 個、　スライス

マッシュルーム　¼ カップ、さいの目切り

ピーマン ¼ カップ、さいの目切り

ターキーベーコン　2 枚、みじん切り

オリーブオイル　小さじ 1 杯

塩こしょう

下準備時間：10 分

調理時間：10 分

作り方：

卵をあわ立て、塩こしょうを１つまみふり、野菜を加えます。

ピタパンの端を曲げ、ボウルのようにします。両面にオリーブオイルをブラシで塗り、ボールの上側を下にしてグリルに入れます。きつね色になるまで焼き、裏返します。

卵に野菜を混ぜたものをピタパンに流しいれ、卵が固まるまで焼き、ターキーベーコン、新たまねぎとチーズを加えます。チーズが溶けるまで焼き、いただきます。

栄養素（１人前）：350kcal, たんぱく質 33g, 炭水化物 12g（　食物繊維 3g, 糖質 4g ）, 脂質 15g（　飽和脂質 6g ）, カルシウム 32%, 鉄分 19% , マグネシウム 15%, ビタミンＡ　36%, ビタミンＣ　88%, ビタミンＫ　72%, ビタミンＢ１　21%, ビタミンＢ２　71%, ビタミンＢ

3 22%, ビタミンB5 14%, ビタミンB6 21%, ビタミンB9 25%, ビタミンB12 29%

14. メキシコ風チョコレートオートミール

お好みのオーツ麦を、ヘルシーなアーモンドミルクでいただき、手軽に豊富な量の食物繊維を摂ることができます。カイエンペッパーを少し加えることで、活力アップになります。

材料（1人前）：

ロールオーツ麦　½カップ

チョコレート味のプロテインパウダー　1杯

シナモン　大さじ½杯

カイエンペッパー　小さじ½杯

アーモンドミルク（無糖）　1カップ

ココアパウダー（無糖）　大さじ1杯

下準備時間：5分

調理時間：3分

作り方：

電子レンジ対応の容器に、全ての材料を入れ、混ぜ合わせ、電子レンジで 2 ½ -3 分温め、いただきます。

材料（1 人前）：304kcal, たんぱく質 27g, 炭水化物 38g （ 食物繊維 8g, 糖質 3g), 脂質 7g, カルシウム 32%, 鉄分 15%, マグネシウム 25%, ビタミンＡ 10%, ビタミンＤ 25%, ビタミンＥ 51% , ビタミンＢ１ 12%

15. ブルーベリーとレモンのパンケーキ

暖かく、おなかを満たすこの料理は、簡単で美味しく、1日をスタートするのに十分な優れた1品です。お好みで、ギリシャ風ヨーグルトを大さじ1杯、トッピングにのせていただいても良いでしょう。

材料（1人前）：

オートブラン 1/3 カップ

卵白　5 個分

ブルーベリー ½ カップ

ホエープロテインパウダー味なし、1 杯

ベーキングソーダ　小さじ ½ 杯

レモンの皮　小さじ 1 杯

レモンドリンクミックス　大さじ 1 杯

オリーブオイル　スプレー程度

下準備時間：5 分

調理時間：5 分

作り方：

大きなボウルに全ての材料をいれ、スムーズになるまで混ぜ合わせます。

オリーブオイルをスプレーしたスキレットを中火から強火にかけ、さきほど混ぜ合わせたものを流しいれ、表面に泡がでるませ熱します。 裏返し、両面がきつね色になるまで焼きます。お皿にのせ、いただきます。

栄養素（1人前）： 340kcal, たんぱく質 47g, 炭水化物 37g （ 食物繊維 6g , 糖質 14g ）, 脂質 5g, 鉄分 10%, マグネシウム 25%, ビタミンC 12%, ビタミンK 19%, ビタミンB1 26%, ビタミンB2 58%

ランチ

16.　地中海風ライス

飽きてきたツナ缶を、午後のトレーニングのスタートに適したおいしい1品に変えましょう。この1品に含まれる豊富な炭水化物が、トレーニング中のエネルギーを作り、たんぱく質がトレーニングの疲労から筋肉を回復させます。

材料（1人前）：

ツナ缶　1缶、油切りしたもの

玄米 100g

アボカド¼個、みじん切り

赤たまねぎ　¼個、スライス

レモン½個、ジュース

塩こしょう

下準備時間：5分

調理時間：20分

作り方：

玄米を 20 分ほど茹で、ボウルにたまねぎ、ツナ、アボカドと入れます。レモン汁を加え、すべてを混ぜ合わせます。塩こしょうで味を調え、いただきます。

栄養素（1 人前）：590kcal, たんぱく質 32g, 炭水化物 80g (食物繊維 7g, 糖質 1g), 脂質 14g (飽和脂質 5g), 鉄分 22%, マグネシウム 52%, ビタミンＤ 101%, ビタミンＥ 18%, ビタミンＫ 107%, ビタミンＢ１ 32%, ビタミンＢ３ 134%, ビタミンＢ５ 26%, ビタミンＢ６ 39%, ビタミンＢ９ 15%, ビタミンＢ１２ 63%

17.　　スパイシーチキン

チキンは筋力増加に欠かせない高たんぱくを含む食材です。全体にわたって栄養化が高く、簡単で美味しいこの 1 品は、あなたの好みの炭水化物といただいても良いでしょう。

材料（2 人前）：

骨なし鶏胸肉　3 枚、　半分にカット

無脂肪ヨーグルト 175g

きゅうり　5cm、みじん切り

タイ風レッドカレーペースト　大さじ 2 杯

コリアンダー　大さじ 2 杯、みじん切り

ほうれん草　2 カップ、添え物に

下準備時間：5 分

調理時間：35－40 分

作り方：

オーブンを 190℃（ガス 5）に温めます。お皿に鶏を並べます。1/3 のヨーグルトを、カレーペースト、2/3 のコリアンダーと混ぜ、塩を加え、鶏がまんべんなくソースに隠れるようにかけます。30 分（もしくは、冷蔵庫で一晩）寝かせます。

ロースターラックに鶏をのせ、ロースティングパンできつね色になるまでオーブンで 35~40 分焼きます。

鍋に水を温め、ほうれん草を入れます。

残りのヨーグルトとコリアンダーを混ぜ、更にきゅうりを加え、混ぜ合わせます。鶏肉に注ぎ、ほうれん草を添えて、いただきます。

栄養素（1 人前）： 275kcal, たんぱく質 43g, 炭水化物 8g（ 食物繊維 1g , 糖質 8g), 脂質 3g (飽和脂質 1g), カルシウム 20%, 鉄分 15%, マグネシウム 25%, ビタミンA 56%, ビタミンC 18%, ビタミンK 181%, ビタミンB１ 16% , ビタミンB２ 26%, ビタミンB３ 133%, ビタミンB５ 25%, ビタミンB６ 67%, ビタミンB９ 19%, ビタミンB１２ 22%

18.　卵のサーモン詰め、ピタパンを添えて

このサーモンの 1 品で、必要なオメガ 3 脂肪酸を摂取しましょう。ビタミンとミネラルが豊富に含まれるこの 1 品で、エネルギッシュで力あふれる 1 日を過ごしましょう。

材料（2 人前）：

サーモンの水煮 1 缶 (450g)

卵 2 個

新たまねぎ大　1 個、みじん切り

レタスの葉　大　2 枚

チェリートマト　10 個

ギリシャヨーグルト　大さじ 1 杯

全粒小麦のピタパン　大、半分に切ったもの

海水塩、こしょう

下準備時間：10 分

調理時間：10 分

作り方：

卵を茹で、皮をむき、半分に切って、黄身を取り出し、取り出した黄身をボウルに入れます。

ボウルにサーモンの缶詰、ヨーグルト大さじ1杯、新たまねぎ、塩こしょうを加えます。全てを混ぜあわせ、卵の白身に詰めます。ピタパンにレタスとトマトをはさみ、一緒にいただきます。

栄養素（1人前）：455kcal, たんぱく質 45g, 炭水化物 24g（　食物繊維 3g, 糖質 2g), 脂質 36g（　飽和脂質 10g), カルシウム 59%, 鉄分 22%, マグネシウム 21%, ビタミンA　30%, ビタミンC　24%, ビタミンK　43%, ビタミンB1　11%, ビタミンB2　36%, ビタミンB3　60%, ビタミンB5　20%, ビタミンB6　41%，ビタミンB9　20%，ビタミンB12　20%

19.　チキンシーザーサラダのラップ

このラップは、1日中、体内のたんぱく質のレベルを高く保ってくれる優れた外食用の1品です。ほうれん草を加えて、さらに身体に優しい食事にしましょう。

材料（1人前）：

オーブンで焼いた鶏胸肉 85g

全粒小麦のトルティーヤ　2枚

レタス　1カップ

無脂肪ヨーグルト　50g

アンチョビペースト　小さじ1杯

ドライマスタード小さじ1杯

にんにく　1片、火が通ったもの

きゅうり　中　½個、みじん切り

下準備時間：5分

調理時間：　なし

作り方：

アンチョビペーストとにんにく、ヨーグルトを混ぜ合わせ、レタスときゅうりと和えます。二等分に分けて、トルティーヤにそれぞれのせ、鶏肉半分をそれぞれにのせ、巻いていただきます。

栄養素（2 ラップ分）：460kcal, たんぱく質 41g, 炭水化物 57g (食物繊維 7g, 糖質 9g)、脂質 10g (飽和脂質 2g)、カルシウム 11%, ビタミンＫ 22%, ビタミンＢ２ 13%, ビタミンＢ３ 59%, ビタミンＢ５ 12%, ビタミンＢ６ 29%, ビタミンＢ１２ 10% vitamin

20.　鮭のグリル、アスパラガス添え

レモン汁とマスタードでつけこむことで、マンネリな1品が新鮮になります。この鮭のグリルは、にんにく風味のアスパラガスと良くあいます。たんぱく質とビタミンのすばらしい組み合わせの一品を召し上がれ。

材料（1人前）：

天然の鮭 140g

アスパラガス 1 ½ カップ

漬け汁用：

にんにく　大さじ1杯、みじん切り

ディジョンマスタード　大さじ1杯

レモン ½ 個、レモン汁

オリーブオイル　小さじ1杯

下準備時間：5分

調理時間：15分

ボディービルダー用食事レシピ 45

作り方：

オーブンを200℃（ガス 6）に温めます。

ボウルに、レモン汁、にんにくの半分、オリーブオイル、マスタードを混ぜ、鮭にこの漬け汁をかけ、鮭が完全に隠れるようにします

冷蔵庫で最低1時間漬け込みます。

アスパラガスの茎の下部を切りおとします。

テフロン加工のスキレットを中／強火にかけ、アスパラガスをにんにくの残りと加え、5分ほど焼き、全ての面を回転させ、焼きます。

鮭をベイキングシートにのせ、10分オーブンで焼き、アスパラガスとともにいただきます。

栄養素：350kcal, たんぱく質43g, 炭水化物7g（ 食物繊維5g, 糖質1 g), 脂質16g（ 飽和脂質1g), 鉄分17%, マグネシウム 20%, ビタミンＡ 48%, ビタミンＣ 119%, ビタミンＥ 17%, ビタミンＫ 288%, ビタミンＢ１ 39%, ビタミンＢ２ 60%, ビタミンＢ３ 90%, ビタミンＢ５ 33%, ビタミンＢ６ 74%, ビタミンＢ９ 109％, ビタミンＢ１２ 75%

21.　ミートボールパスタ、ほうれん草添え

牛肉とほうれん草が生かされた高たんぱくのパスタ料理です。ビタミンが豊富に含まれているうえに、筋肉収縮を規制するマグネシウムも豊富に含まれています。

材料（2人前）：

ミートボール用：

牛肉のミンチ 170g

ほうれん草　½カップ、みじん切り

にんにく　大さじ1杯、みじん切り

赤たまねぎ　¼カップ、さいの目切り

クミン　小さじ1杯

海水塩とこしょう

パスタ用：

小麦パスタ　ほうれん草風味　100g

チェリートマト　10個

ほうれん草　2カップ

マリナラソース　¼ カップ

低脂肪パルメザンチーズ　大さじ2杯

下準備時間：15分

調理時間：30分

作り方：

オーブンを200℃（ガス　6）に温めます。

牛ミンチ、ほうれん草、にんにく、赤たまねぎ、塩こしょう少々を混ぜ合わせます。ほうれん草がミンチになじむまで、手を使って混ぜ合わせます。

2, 3個に配分し、それぞれを丸め、ベイキングシートにのせ、10－12分オーブンで焼きます。

パッケージにある指示に従ってパスタを茹でます。水切りをし、トマト、ほうれん草、チーズを混ぜます。ミートボールを加え、いただきます。

栄養素（1人前）：470kcal, たんぱく質 33g, 炭水化物 50g （　食物繊維 6g, 糖質 5g ）, 脂質 12g （　飽和脂質

5g), カルシウム 17%, 鉄分 28%, マグネシウム 74%, ビタミンA 104%, ビタミンC 38%, ビタミンE 11%, ビタミンK 361%, ビタミンB1 16%, ビタミンB2 20%, ビタミンB3 45%, ビタミンB5 11%, ビタミンB6 45%, ビタミンB9 35%, ビタミンB12 37%

22. チキンのフェタチーズ詰め、玄米を添えて

玄米は質のいい炭水化物が摂れる良い食材です。高タンパク質のとり胸肉と野菜をあわせ、美味しいスタミナランチができます。

材料（1人前）：

とり胸肉 170g

ほうれん草　½カップ

玄米　50g

新たまねぎ　1個、さいの目切り

トマト　1個、スライス

フェタチーズ　大さじ1杯

下準備時間：10分

調理時間：30分

作り方：

オーブンを 190℃（ガス　5）に温めます。

とり胸肉の真ん中に切り目を入れ、観音開きにします。塩こしょうで味付けをし、ほうれん草とフェタチーズ、トマトを開いた片面にのせます。開いた胸肉を閉じ、爪楊枝でとめ、オーブンで 20 分焼きます。

玄米を茹で、にんにくとたまねぎを加えます。お皿に玄米をのせ、その上に鶏をのせ、いただきます。

栄養素（1 人前）：　469kcal, たんぱく質 48g, 炭水化物 46g (　食物繊維 5g, 糖質 6g)，　脂質 8g (　飽和脂質 5g)，カルシウム 22%, 鉄分 18%, マグネシウム 38%, ビタミンＡ　55%, ビタミンＣ　43%, ビタミンＫ　169%, ビタミンＢ１　28%, ビタミンＢ２　28%, ビタミンＢ３　103%, ビタミンＢ５　28%, ビタミンＢ６　70%，ビタミンＢ９　23%, ビタミンＢ１２　17%

23.　海老とズッキーニのパスタサラダ

千切りにしたズッキーニと蒸した海老をそえ、色んな形の胡麻の風味あふれる一品です。この材料の組み合わせで、高たんぱくなのに、軽いランチとなります。

材料（1人前）：

蒸した海老 170g

ズッキーニ大　1個、千切り

赤たまねぎ　¼ カップ、スライス

ピーマン　1カップ、スライス

胡麻バター　大さじ1杯

ごま油　小さじ1杯

胡麻小さじ1杯

下準備時間：10分

調理時間：なし

作り方：

シュレッダーを使いズッキーニを千切りにし、リングイネのようにします。

ボウルに胡麻バターとごま油を混ぜます。

全ての材料を大きなボウルに入れ、胡麻バターソースを加え、混ぜ合わせます。胡麻をふりかけ、いただきます。

栄養素（1人前）： 420kcal, たんぱく質 45g, 炭水化物 26g（ 食物繊維 10g, 糖質 12g),脂質 18g（ 飽和脂質 2g), カルシウム 19%, 鉄分 47%, マグネシウム 48%, ビタミンＡ 33%, ビタミンＣ 303%, ビタミンＥ 17%, ビタミンＫ 31%, ビタミンＢ１ 38% ,ビタミンＢ２ 36%, ビタミンＢ３ 38%, ビタミンＢ５ 13% , ビタミンＢ６ 66%, ビタミンＢ９ 35% , ビタミンＢ１２ 42%

24. ターキーミートローフの全粒小麦クスクス添え

マフィン型で焼くことによって、このミートローフは飽和脂質の摂取を控えることができます。たまねぎの代わりに、ピーマンやマッシュルームを混ぜあわせ、にんにくで味付けしても良いでしょう。

材料（1人前）：

ターキーのミンチ 140g

赤たまねぎ ¾ カップ、さいの目切り

生のほうれん草 1カップ

低塩マリナラソース 1/3 カップ

全粒小麦クスクス ½ カップ、茹でたもの

好みの味付け：パセリ、バジル、コリアンダー

塩こしょう

オリーブオイル、スプレー程度

下準備時間：5分

調理時間：20 分

作り方：

オーブンを 200℃（ガス　6）に温めます。

ターキーにお好みの味付けをし、さいの目切りのたまねぎを加えます。

マフィン型に軽くオリーブオイルをスプレーし、ターキーを型にいれます。それぞれのターキーの上に、大さじ 1 杯のマリナラソースをのせ、オーブンにいれ 8－10 分焼きます。

クスクスと一緒にいただきます。

栄養素（1 人前）：460kcal, たんぱく質 34g, 炭水化物 53g（　食物繊維 4g, 糖質 7g　）, 脂質 12g （　飽和脂質 4g ）, カルシウム 12%, 鉄分 15%, マグネシウム 10%, ビタミンＡ　16%, ビタミンＣ　15% , ビタミンＥ　11%, ビタミンＫ　16%, ビタミンＢ１　11%, ビタミンＢ３ 25%, ビタミンＢ６　16%, ビタミンＢ９　11%

25. ツナバーガーのサラダ添え

ツナバーガーはたんぱく質と炭水化物がたくさん含まれており、トレーニングの日にもってこいの食事です。野菜を変えたり、サラダのドレッシングを変えたりして、毎回飽きないように工夫してつくりましょう。

材料（1人前）：

ツナチャンク 1 缶 (165g)

卵白　1 個分

マッシュルームのみじん切り　½ カップ

レタスの千切り　2 カップ

ドライオーツ麦　¼ カップ

オリーブオイル　小さじ 1 杯

お好みの低脂肪サラダドレッシング　大さじ 1 杯

オレガノ　1 束、みじん切り

全粒小麦のロールパン　1 個、半分にカット

下準備時間：10 分

調理時間：10分

作り方：

卵白、ツナ、ドライオーツ麦、オレガノを混ぜ、楕円形に形を整えます。

テフロン加工のフライパンにオイルをひき、中火にかけ、ツナを焼き、火が通ったら、裏返し、両面焼きます。

ロールパンを水平に半分に切り、ツナをはさみます。

野菜をボウルに入れ、ドレッシングを混ぜ、ツナバーガーに添えていただきます。

栄養素（1人前）：560kcal, たんぱく質52g, 炭水化物76g（　食物繊維13g, 糖質7g）, 脂質10g(飽和脂質1g), カルシウム11%, 鉄分35%, マグネシウム38%, ビタミンA　16%, ビタミンK　16%, ビタミンB１　35%, ビタミンB２　33%, ビタミンB３　24%, ビタミンB５　28%, ビタミンB６　41%, ビタミンB９　21%, ビタミンB１２　82%

26.　ピリ辛ビーフケバブ

ピリ辛ケバブにベイクドポテトを添えることによって、筋肉増加の効果だけでなく、視力を守る効果のあるビタミンAを摂取することができます。低脂肪のヨーグルトと大さじ1杯　ポテトに加えることで爽やかな1品になります。

材料（1人前）：

牛肉フランク 140g

サツマイモ 200g

ピーマン1個、さいの目切り

ズッキーニ中　½個、さいの目切り

にんにく、みじん切り

塩こしょう

下準備時間：15分

調理時間：55分

作り方：

オーブンを２００℃（ガス　６）に温めます。サツマイモをアルミニウムホイルで包み、４５分オーブンで焼きます。

牛肉フランクを小さくカットし、塩こしょう、にんにくをまぶします。牛肉、ズッキーニ、ピーマンを順番に串に刺します。

ベイキングシートにケバブをのせ、１０分やきます。サツマイモと一緒にいただきます。

栄養素（１人前）：375kcal, たんぱく質 38g, 炭水化物 49g (　食物繊維 9g , 糖質 12g), 脂質 4g (　飽和脂質 1g), 鉄分 24%, マグネシウム 27%, ビタミンＡ　581%, ビタミンＣ　195%, ビタミンＫ　21% , ビタミンＢ１ 22% , ビタミンＢ２　28%,　ビタミンＢ３　61%, ビタミンＢ５　28%, ビタミンＢ６　92%, ビタミンＢ９ 20%, ビタミンＢ１２　30%

27. 鱒のグリル、ポテトサラダ添え

ビタミンＢ１２ を十分に摂取したいですか？ それなら、ボリュームのある鱒を、栄養価の高くビタミンを含むポテトサラダといただきましょう。

材料（２人前）：

鱒の切り身 140g　２枚

じゃがいも 250g、半分にきったもの

ヨーグルト　小さじ４杯

低脂肪マヨネーズ　小さじ４杯

ケイパー　大さじ１杯、水洗いしたもの

コルニッション　４個、スライス

新たまねぎ　２個、薄くスライス

きゅうり¼個、さいの目切り

レモン　１個、1/2個分からレモンの皮

下準備時間：１０分

調理時間：２０分

作り方：

じゃがいもをやわらかくなるまで、塩水で１５分茹でます。水切りし、冷水ですすぎ、再度水切りします。

グリルをつけます。

マヨネーズ、ヨーグルトとレモン汁を混ぜ、塩こしょうで味を調えます。じゃがいもとケイパーをそれに加え、さらにたまねぎの大半ときゅうり、コルニッションを加え混ぜます残りのたまねぎを、上にちらします。

鱒に塩こしょうをし、皮の部分を下にしてベイキングシートにのせ、火がとおるまでグリルで焼きます。レモンの皮を散らし、ポテトサラダをいただきます。

栄養素（１人前）：420kcal, たんぱく質 38g, 炭水化物 28g（　食物繊維 3g ,糖質 6g ）, 脂質 13g（　飽和脂質 3g ）, カルシウム 12%,　鉄分 11%, マグネシウム 22%, ビタミンＣ　29%, ビタミンＫ　59%, ビタミンＢ１ 21%, ビタミンＢ２　18%, ビタミンＢ３　12%, ビタミンＢ５　22%, ビタミンＢ６　43%, ビタミンＢ９ 18%, ビタミンＢ１２　153%

28.　　メキシコ風チリコンカルネ

たんぱく質の高い日中の食事としてだけでなく、この1品は1日に必要な食物繊維の 1/3 が含まれます。これだけでも十分に栄養素を含みますが、玄米と一緒にいただいても良いでしょう。

材料（2人前）：

牛肉のミンチ 250g

ベイクドビーンズの缶 200g

ビーフストック 75ml

たまねぎ　½個、さいの目切り

赤ピーマン½個、さいの目切り

チポトレペースト　小さじ1杯

オリーブオイル　小さじ1杯

チリパウダー小さじ½杯

玄米1カップ、ゆでたもの（オプション）

コリアンダーの葉

下準備時間：5分

調理時間：45分

作り方：

中火にかけたテフロン加工のフライパンでオイルを熱し、たまねぎ、赤ピーマンが柔らかくなるまで炒めます。火を強め、チリパウダーを加え2分ほど炒め、ミンチを加えます。ミンチが茶色くなり、肉汁がなくなるまで炒めます。

ビーフストック、ベイクドビーンズ、チポトレペーストを加えます。弱火にし20分ほど煮込み、塩こしょうで味を調え、コリアンダーの葉を散らし、玄米と一緒にいただきます。栄養素（1人前、玄米なし）：402kcal, たんぱく質34g, 炭水化物19g（ 食物繊維5g, 糖質10g), 脂質14g (飽和脂質5g), 鉄分29%, マグネシウム15%, ビタミンＣ　42%，ビタミンＢ１ 11%, ビタミンＢ２　16%，ビタミンＢ３　34%, ビタミンＢ６　40%, ビタミンＢ９　18%, ビタミンＢ１２　52%

玄米½カップ: 108kcal

29.　牛肉とブロッコリーの焼きそば

忙しい日でも、たった２０分でできる手軽で美味しい一品です。赤唐辛子のスライスを加え、スパイシーにいただいても良いでしょう。

材料（２人前）：

卵めん　２カップ

牛肉　200g、細長くきったもの

新たまねぎ　１個、スライス

ブロッコリーの房　½個、小さくきったもの

ごま油　小さじ１杯

ソース用：

低塩醤油　大さじ１½杯

ケチャップ　小さじ１杯

にんにく　１片、つぶしたもの

オイスターソース　大さじ１杯

生姜¼個、細かくすりおろしたもの

ホワイトワインビネガー　小さじ1杯

下準備時間：１０分

調理時間：１０分

作り方：

ソース用の材料を混ぜ合わせます。パッケージの調理法に沿って、卵めんを茹でます。麺が茹で上がる前に、ブロッコリーを加え、一緒に茹でます。数分そのままにし、水切りします。

中華なべに油を熱し、熱くなったら、牛肉を加え、茶色くなるまで２－３分炒めます。ソースを加え、数秒煮詰め、火を消します。

麺とブロッコリーを、牛肉とソースに加え混ぜ、たまねぎを散らし、暖かいうちにいただきます。

栄養素　（１人前）：352kcal, たんぱく質 33g, 炭水化物 39g（　食物繊維 5g , 糖質 5g）, 脂質 9g (飽和脂質 2g), 鉄分 20%, マグネシウム 20%, ビタミンＡ　20%, ビタミンＣ　224%, ビタミンＫ　214%, ビタミンＢ１ 14%, ビタミンＢ２　19%, ビタミンＢ３　43%,　ビタ

ミンＢ５　18%, ビタミンＢ６　50%, ビタミンＢ９ 31%, ビタミンＢ１２　23%

30.　鱈のパンチェッタ巻き、ポテト添え

軽く、新鮮なこの一皿は、エネルギー源だけでなく高たんぱくが摂れる日中にもってこいな食事です。鱈を他の白身魚に変え、オリーブをサンドライドトマトに代えても良いでしょう。

材料（2人前）：

鱈の切り身(140g)　2枚

パンチェッタ　4枚

新じゃがいも　300g

サヤ豆　100g

カラマタ　オリーブ　30g

レモン　1個、ジュースと皮用

オリーブオイル　大さじ2杯

タラゴンの枝　数本、葉を除いたもの

下準備時間：10分

調理時間：15分

作り方：

オーブンを２００℃（ガス　６）で温める。じゃがいもをやわらかくなるまで、１０−１２分茹で、最後の２−３分にサヤ豆も加えて茹でる。水切りをし、じゃがいもを半分にカットし、オーブン皿に並べる。オリーブ、レモンの皮、オリーブオイルを加え、なじませます。

鱈に塩こしょうし、パンチェッタを巻き、じゃがいもの上に乗せます。火が通るまで、１０−１２分オーブンで焼き、レモン汁を加え、上にタラゴンを散らし、いただきます。

栄養素（１人前）：525kcal, たんぱく質　46g, 炭水化物 36g (　食物繊維 5g , 糖質 3g), 脂質 31g (飽和脂質 8g), 鉄分 10%, マグネシウム 31%, ビタミンＣ　63%, ビタミンＫ　18% , ビタミンＢ１　15% , ビタミンＢ２　13%, ビタミンＢ３　14%, ビタミンＢ６　25%, ビタミンＢ１２　73%

ディナー

31. ちらし寿司

お米の代わりに、にんにく、醤油、ライムジュースで味付けしたカリフラワーを使ったカロリーの低いちらし寿司です。海苔でスモークサーモンと野菜を巻いて、手巻きにもできます。

材料（2人前）：

スモークサーモン　170g

アボカド中　1個

カリフラワーの房　½個、蒸してさいの目切りにしたもの

人参 1/3 カップ、みじん切り

粉末唐辛子　小さじ 1/2 杯

ガーリックパウダー　小さじ1、2杯

低塩醤油　大さじ1杯

海苔　2枚

ライム½　個、ジュース

下準備時間：１０分

調理時間：　なし

作り方：

カリフラワー、人参、醤油、ガーリックパウダー、ライムジュースと粉末唐辛子をフードプロセッサーにかけます。ペースト状になる手前でとめます。スモークサーモンと海苔を添えて、いただきます

栄養素（１人前）：272kcal, たんぱく質 20g, 炭水化物 13g（　食物繊維 7g,　糖質 4g）, 脂質 16g（　飽和脂質　1g）, 鉄分 10%, マグネシウム 14%, ビタミンＡ 73%, ビタミンＣ　88%, ビタミンＥ　13%, ビタミンＫ 40%, ビタミンＢ１　18%, ビタミンＢ２　15%, ビタミンＢ３　31%, ビタミンＢ５　21%, ビタミンＢ６ 31%, ビタミンＢ９　26%, ビタミンＢ１２　45%

32. スイート&サワー チキン

スイート&サワーチキンはどんな家庭でも喜ばれる簡単で美味しい料理です。高たんぱく、高ビタミンで、蒸したブロッコリーの房によくあいます。

材料（2人前）：

とり胸肉　300g, 食べやすいサイズにカット

ガーリックソルト　小さじ1杯

低塩チキンブロス　¼カップ

ホワイトビネガー　¼カップ

人口甘味料　¼

黒胡椒　小さじ1/4杯

低塩醤油　小さじ1杯

抵糖ケチャップ　小さじ3杯

アロールート

ブロッコリーの房400g、　蒸したもの

下準備時間：１０分

調理時間：１５分

作り方：

大きめのボウルに鶏肉をいれ、にんにく、塩、こしょうで味をつけます。中火／強火で火が通るまで調理します。

その間に、チキンブロス、人口甘味料、ビネガー、ケチャップ、醤油を鍋に入れ、混ぜ、沸騰したら、弱火にします。アロールートを少しずつ加え、さっさと混ぜます。数分、混ぜ続けます。

鶏肉にソースをかけ、蒸したブロッコリーを添えて、いただきます。

栄養素（１人前）：250kcal, たんぱく質 40g 、炭水化物 14g （食物繊維 6g, 糖質 4g), 脂質 2g, カルシウム 11%, 鉄分 14%, マグネシウム 20%, ビタミンＡ 24%, ビタミンＣ 303%, ビタミンＫ 254%, ビタミンＢ１ 17%, ビタミンＢ２ 21%, ビタミンＢ３ 90%, ビタミンＢ５ 24%，ビタミンＢ６ 58%，ビタミンＢ９ 33%

33.　にんにくの効いたフムス

このヘルシーで美味しい食事を作るのに、5分しかかかりません。マグネシウムがぎっしり詰まって、肉を使用していない割に、適度のたんぱく質も含まれています。全粒小麦のトルティーヤと共に、お弁当にもなります。

材料（3人前）：

ヒヨコ豆の缶　1個（400g）

(中の水分を1/4残しておく)

タヒニ ¼カップ

レモン汁　¼カップ

にんにく　1片

オリーブオイル　大さじ1杯

すり生姜　小さじ1/4杯

クミン　小さじ1/4杯

新たまねぎ　2個、みじん切り

トマト　1個、さいの目切り

ボディービルダー用食事レシピ 45

下準備時間：5分

調理時間： なし

作り方：

ヒヨコ豆、缶の水分、タヒニ、レモン汁、オリーブオイル、にんにく、クミン、生姜をフードプロセッサーにかけ、なめらかになるまでまぜます。

トマトとたまねぎを混ぜいれ、塩コショウで味つけします。ピーマンのスライスを添えて、いただきます。

栄養素（１人前）：324kcal, たんぱく質 11g, 炭水化物 21g（ 食物繊維 7g, 糖質 1g), 脂質 17g（ 飽和脂質 2g), カルシウム 22%, 鉄分 54%, マグネシウム 135%, ビタミンＡ 10%, ビタミンＣ 12%, ビタミンＫ 33%, ビタミンＢ１ 122%, ビタミンＢ２ 12%, ビタミンＢ３ 44%, ビタミンＢ５ 1%, ビタミンＢ６ 12%, ビタミンＢ９ 40%

34.　鶏肉とパイナップルとピーマンの炒め物

平凡な鶏肉のレシピから離れ、甘く新鮮なパイナップルを使ったこのレシピを試しましょう。ビタミンＢ３とたんぱく質を多く含むだけでなく、このレシピは炭水化物の大事な摂取源でもあります。気分を変えたいなら、ライスをキノアに変えても良いでしょう。

材料（1人前）：

骨なし鶏胸肉 140g

マスタード　大さじ1杯

パイナップル　½カップ、さいの目切り

ピーマン 1/2 カップ、さいの目切り

玄米　50g

ココナッツオイル　スプレー程度

クミン　小さじ1杯

塩、こしょう

下準備時間：5分

調理時間：１５分

作り方：

鶏肉を小さくカットし、マスタードを塗り、塩、こしょう、クミンをふります。

スキレットを中火にかけ、ココナッツオイルを軽くスプレーします。鶏肉をいれ、全ての面に焼き色がつくまで焼きます。鶏肉にほぼ火が通ったら、強火にし、パイナップルとピーマンを加え、全ての面に焼き色がつくまで３－５分間調理します。

玄米を茹で、鶏肉に添えていただきます。

栄養素（１人前）：：377kcal, たんぱく質 37g, 炭水化物 50g（　食物繊維 6g , 糖質 10g ）, 脂質 1g, 鉄分 12%, マグネシウム 33%, ビタミンＣ　168%, ビタミンＢ１ 26%, ビタミンＢ２　13%, ビタミンＢ３　96%, ビタミンＢ５　22%, ビタミンＢ６　65%, ビタミンＢ９ 10%

35. メキシコ風プロテインボウル

肉を含んだ食事から休憩をとり、これらの食材を混ぜて、いつもの食事にとってかわる美味しい食事をいただきましょう。揚げ油や不健康なカロリーを摂取しないでも、美味しいメキシコ料理はいただけます。

材料：

調理済み黒豆 1/3 カップ

調理済み玄米　½ カップ

サルサソース　大さじ2杯

アボカド　¼ 個、スライス

下準備時間：5分

調理時間：　なし

作り方：

ボウルに全ての材料をいれ、いただきます。

ボディービルダー用食事レシピ 45

栄養素（1人前）： 307kcal, たんぱく質 11g, 炭水化物 48g （ 食物繊維 11g, 糖質 1g), 脂質 7g （ 糖質 1g), マグネシウム 26%, ビタミンK 13%, ビタミンB1 16%, ビタミンB3 11%, ビタミンB6 17%, ビタミンB9 30%

36.　　ルッコラとチキンのサラダ

ルックラの葉は、このおいしくとてもヘルシーなサラダに満足感を添えます。豊富な野菜量と質のよいたんぱく質のうえ、低脂肪ヨーグルトとにんにくのシンプルなドレッシングで、味わい豊かになります。

材料（1人前）：

とり胸肉 120g

ミニキャロット　5個、みじん切り

赤キャベツ　¼個、みじん切り

ルッコラ　1/2 カップ

ひまわりの種　大さじ1杯

オリーブオイル　小さじ1杯

下準備時間：10分

調理時間：10分

作り方：

鶏肉を一口サイズのさいころ型にきります。オリーブオイルをテフロン加工のフライパンで熱し、鶏肉に火が通るまで炒めます。更に取り出し、冷まします。

キャロット、ルッコラ、キャベツを大きなボウルに入れます。その上に、冷ました鶏肉とひまわりの種をのせ、いただきます。

栄養素（１人前）：311kcal, たんぱく質 30g, 炭水化物 9g（ 食物繊維 1g), 脂質 13g（ 飽和脂質 1g), 鉄分 11%, マグネシウム 22% , ビタミンＡ 150%, ビタミンＣ 25% , ビタミンＥ 29%, ビタミンＫ 32%, ビタミンＢ１ 23%, ビタミンＢ２ 10%, ビタミンＢ３ 72% , ビタミンＢ５ 11% , ビタミン Ｂ６ 49%, ビタミンＢ９ 17%

37.　オヒョウのディジョンマスタード風味

このピリッと辛いオヒョウのレシピは、手軽に豊富な量のたんぱく質を摂取できます。低炭水化物で高ビタミン、夕食にもってこいです。カロリーが低いので、贅沢に味わいたいなら、ソースの量を倍にしても大丈夫です。

材料（2人前）：

オヒョウ 220g

たまねぎ　1/4 個、さいの目切り

赤ピーマン、1 個、さいの目切り

にんにく　1 片

ディジョンマスタード　大さじ 1 杯

ウスターソース　小さじ 1 杯

オリーブオイル　小さじ 1 杯

パセリ　1 束

人参　大 2 本、スティック状にカット

ブロッコリーの房　1 カップ

ボディービルダー用食事レシピ 45

マッシュルーム　１カップ、スライス

下準備時間：10 分

調理時間：20 分

作り方：

赤ピーマン、にんにく、パセリ、マスタード、たまねぎ、ウスターソース、レモン汁、オリーブオイルをフードプロセッサーにかける。

魚、ソース、残りの野菜をオーブンバッグに入れ、１９０℃（ガスなら５）で２０分焼き、いただきます。

栄養素（１人前）：225kcal, たんぱく質　33g, 炭水化物 12g（　食物繊維 3g, 糖質 5g ）, 脂質 5g（　飽和脂質 1g), カルシウム 11%, 鉄分 10%, マグネシウム 35%, ビタミンＡ　180%, ビタミンＣ　77%，ビタミンＫ 71%, ビタミンＢ１　13%, ビタミンＢ２　19%,ビタミンＢ３ 51%, ビタミンＢ５　14%, ビタミンＢ６　34%，ビタミンＢ９　15%，　ビタミンＢ１２　25%

38.　ベイクドチキン

チェリートマトに季節がないので、このレシピは手軽に美味しくいただける夏の定番です。ペストソースが、シンプルな味付けのチキンに爽やかな味わいを加えます。

材料（２人前）：

とり胸肉 300g

チェリートマト　300g

ペストソース　大さじ２杯

オリーブオイル　大さじ１杯

塩、こしょう

下準備時間：５分

調理時間：１５分

作り方：

ロースト用のトレイに胸肉を置き、塩コショウし、オリーブオイルをふりかけ、１０分ほど焼きます。チェリートマトを加え、鶏肉に火が通るまで、さら

に 5 分ほど焼きます。ペストソースをかけ、チェリートマトを添えていただきます。

栄養素（1 人前）：312kcal, たんぱく質 36g, 炭水化物 7g (食物繊維 2g , 糖質 5g), 脂質 19g (飽和脂質 4g), マグネシウム 15%, ビタミン A 25%, ビタミン C 34%, ビタミン E 11%, ビタミン K 20%, ビタミン B１ 10%, ビタミン B３ 88%, ビタミン B５ 13%, ビタミン B６ 33%

39. 豆腐ハンバーガー

豆腐は重要なアミノ酸を含んでおり、肉の代わりとして最適です。チリフレークとシラチャーソースでキャラメル色まで炒めたたまねぎと、照り焼き味の豆腐があなたの味覚を楽しませます。

材料（1人前）：

木綿豆腐 85g

照り焼きソース　大さじ1杯

シラチャーソース　大さじ1杯

レタスの葉　1枚

人参 30g、　刻んだもの

赤たまねぎ 1/4個、　スライス

チリフレーク　小さじ1/2 杯

全粒小麦ロールパン　中　1個

下準備時間：5分

調理時間：10分

作り方：

グリルに火をつけます。

照り焼きソース、チリフレーク、シラチャーソースに豆腐を漬け込み、片面３－５分ほどずつ焼きます。

テフロン加工のフライパンで、赤たまねぎをキャラメル色になるまで炒めます。

ロールパンを本のように開けるようになるまで、カットします。その中に、グリルした豆腐、キャラメル色のたまねぎ、人参、レタスをいれ、いただきます。

栄養素（１人前）：：194kcal, たんぱく質 11g , 炭水化物 28g（　食物繊維 5g fiber, 糖質 8g ），　脂質 5g (飽和脂質 1g)，カルシウム 21%, 鉄分 14%, マグネシウム 19%, ビタミンＡ　95%, ビタミンＢ１　10% , ビタミンＢ６　14%

40.　　鱈のピリ辛焼き

高たんぱく、健康な脂質、低炭水化物のこの鱈のスパイス焼きは、1日中あなたに元気をくれます。夜のトレーニングにエネルギーが必要なら、玄米と一緒にいただいても良いでしょう。また、もっと辛いのがお好みなら、ハラペーニョを2個追加しても良いです。

材料（2人前）：

鱈 340g

チェリートマト　10個、半分にきったもの

ハラペーニョ　2個、スライス

オリーブオイル　大さじ2杯

海水塩

チリパウダー

下準備時間：5分

調理時間：10分

作り方：

テフロン加工のフライパンにオイルをしき、火にかけます。鱈に塩とチリパウダーをまぶし、フライパンにいれ、中火で１０分調理します。鱈が仕上がる１−２分前にハラペーニョをいれます。

チェリートマトを付け合せます。

栄養素（１人前）： 279kcal, たんぱく質 30g, 炭水化物 6g (食物繊維 1g, 糖質 1ｇ), 脂質 16g (飽和脂質 2g), マグネシウム 11%, ビタミンA 17%, ビタミンC 38%, ビタミンE 26%, ビタミンK 33%, ビタミンB３ 24%, ビタミンB６ 43%, ビタミンB１２ 26%

41. グリルマッシュルームとズッキーニのハンバーガー

ポータベラマッシュルームは、その肉厚な食感で、ベジタリアンだけではなく肉好きな人をも魅了します。自然のバーガーを楽しみながら、少ないカロリーで、たくさんのミネラルとビタミンを摂取しましょう。

材料（1人前）：

ポータベラマッシュルームのかさ　大1個

ズッキーニ小　¼個、スライス

焼きピーマン、小さじ1杯

低脂肪チーズ　1枚

ほうれん草の葉　4枚

オリーブオイル　スプレー程度

全粒小麦ロールパン　中　1個

下準備時間：5分

調理時間：5分

作り方：

グリルに火をいれます。オリーブオイルをマッシュルームのかさにスプレーし、マッシュルームとズッキーニをグリルにのせます。

ロールパンを水平に半分に切り、下半分のロールパンに材料をそれぞれ重ねていき、上半分のロールパンを最後にのせます。熱いうちにいただきます。

材料（１人前）： 185kcal, たんぱく質 12g, 炭水化物 24g（ 食物繊維 4g, 糖質 5g ）, 脂質 4g（ 飽和脂質 1g ）, カルシウム 21%, 鉄分 17%, マグネシウム 20%, ビタミンＡ 78%, ビタミンＣ 28%, ビタミンＫ 242%, ビタミンＢ１ 15%, ビタミンＢ２ 37%, ビタミンＢ３ 26%, ビタミンＢ５ 16%, ビタミンＢ６ 16%, ビタミンＢ９ 31%

42.　魚の地中海風

地中海風味広がる食事で、１日のＢ１２の摂取量を満たせるほど良いことはないでしょう。その他のビタミンやミネラルの量も適しており、このような軽い食事の割には、たんぱく質量も好ましいです。

材料（２人前）：

新鮮な鱒 200g

トマト中　２個

ケッパー　小さじ３杯

赤ピーマン　½個、みじん切り

にんにく　１片、みじん切り

グリーンオリーブ　１０個、スライス

たまねぎ　1/4 個、みじん切り

ほうれん草　½カップ

オリーブオイル　大さじ１杯

塩、こしょう

下準備時間：　　１０分

調理時間：　　１５分

作り方：

大きめのフライパンを中火にかけ、トマト、にんにく、オリーブオイルをいれます。トマトが柔らかくなるまで、蓋をして煮込みます。

たまねぎ、ピーマン、オリーブ、ケッパー、塩、こしょうを入れます。（必要なら水を足して下さい）トマトが煮崩れ、ピーマンとたまねぎが柔らかくなるまで蓋をして煮込みます。

鱒を入れ、蓋をし、５－７分火を通します。

最後にほうれん草を入れ、いただきます。

栄養素（１人前）：　　305kcal, たんぱく質 24g, 炭水化物 7g (　食物繊維 1g, 糖質 4g)、脂質 11g (　飽和脂質 3g　), カルシウム 10%, マグネシウム 12%, ビタミンＡ　36%, ビタミンＣ　56%, ビタミンＫ　62%, ビタミンＢ１　13%, ビタミンＢ３　33%, ビタミンＢ５ 12%, ビタミンＢ６　25%, ビタミンＢ９　15%, ビタミンＢ１２　105%

43.　ビーガンに優しいレシピ

たんぱく質とビタミンを豊富に含んだビーガンに優しい料理です。手軽に作れ、おなかが満足する量の豆腐を、この甘辛ソースで味付けし、舌鼓をうってください。

材料（2人前）：

豆腐 340g

醤油　¼カップ

ブラウンシュガー　¼カップ

ごま油　小さじ2杯

オリーブオイル　小さじ1杯

チリフレーク　小さじ1杯

にんにく2片、みじん切り

すりおろし生姜　小さじ1杯

塩

下準備時間：5分

ボディービルダー用食事レシピ 45

調理時間：１５分

作り方：

ブラウンシュガー、醤油、ごま油、生姜、チリフレークと塩を全てボウルにいれ、混ぜておきます。

鍋にオリーブオイルをひいて、火にかけ、豆腐を１０分ほど炒めます。

混ぜておいたソースを鍋にいれ、３－５分調理します。ソースがとろっとし、豆腐に火が入ったら、いただきます。

栄養素（１人前）： 245kcal, たんぱく質 17g, 炭水化物 15g（ 食物繊維 1g, 糖質 11g ）, 脂質 15g（ 飽和脂質 3g ）, カルシウム 34%, 鉄分 19%, マグネシウム 19%, ビタミンＢ２ 11%, ビタミンＢ６ 11% vitamin

44. ツナメルト

通常のツナメルトは飽和脂肪値と炭水化物値が高いですが、このレシピでは炭水化物を控えめにし、ツナ缶の高たんぱく質で、無駄のない筋肉の増加を促進するのに最適です。

材料（2人前）：

ツナ缶1缶　（165g）

低脂肪モッツアレラチーズ　2枚

トマトソース　小さじ2杯

全粒小麦のイングリッシュマフィン　1個

オレガノ　ひとつまみ

下準備時間：5分

調理時間：3分

作り方：

オーブンを190℃（ガス　5）に温めます。

イングリッシュマフィンを上下半分にスライスし、それぞれの切断面にトマトソースをぬります。ツナをのせ、オレガノをひとふりし、それぞれにチーズスライスを1枚のせます。オーブンに入れ、チーズが溶けるまで2-3分焼きます。2つのお皿にとりわけいただきます。

栄養素（1人前）：255kcal, たんぱく質 31g, 炭水化物 14g (食物繊維 2g, 糖質 2 g), 脂質 6g (飽和脂質 4g), カルシウム 29%, 鉄分 11%, マグネシウム 13%, ビタミンB1 10%, ビタミンB2 10%, ビタミンB3 60%, ビタミンB6 23%, ビタミンB12 52%

45. チキンとアボカドのサラダ

質の良いたんぱく質と健康な脂質の素晴らしいバランスで、炭水化物をとらなくても満足できる食事です。ビネガーをレモン汁に変えることでより爽やかな味つけになります。

材料（1人前）：

とり胸肉 100g

スモークパプリカ　小さじ1杯

オリーブオイル　小さじ2杯

サラダ用に：

アボカド中 1/2個、さいの目切り

トマト中　1個、みじん切り

赤たまねぎ、1/2個、細くスライス

パセリ　大さじ1杯、荒く切ったもの

レッドワインビネガー　小さじ1杯

下準備時間：10分

調理時間：10分

作り方：

グリルを中火であたためる。チキンに小さじ1杯のオリーブオイルとパプリカをぬる。中に火が通り、表面が少し焦げる程度に両面を5分ずつ焼きます。厚めにスライスします。

サラダ用の材料を、調味料と、残りのオリーブオイルとともに混ぜ、チキンと一緒にいただきます。

栄養素（1人前）： 346kcal, たんぱく質 26g, 炭水化物 14g (食物繊維 6g, 糖質 4g), 脂質 22g (飽和脂質 3g), マグネシウム 16%, ビタミンA 22%, ビタミンC 44%, ビタミンE18%, ビタミンK 38%, ビタミンB1 12%, ビタミンB2 11%, ビタミンB3 66%, ビタミンB5 19%, ビタミンB6 43%, ビタミンB9 22%

スナック

1. チェリートマトとカッテージチーズ

チェリートマト5個を半分に切り、大さじ2杯のゴートチーズにディルと塩少々を混ぜたものをぬります。

栄養素：58kcal, たんぱく質 4g , 炭水化物 10g, ビタミンA 30%, ビタミンC 40%, ビタミンK 20%, ビタミンB1 10%, ビタミンB6 10% , ビタミンB9 10%

2. アボカドトースト

全粒小麦パンの小さめのスライスをトーストし、アボカドに塩コショウを加えつぶしたものを 50g のせます。

栄養素：208kcal, たんぱく質 5g, 炭水化物 28g (食物繊維 6g, 糖質 2g), 脂質 9g (飽和脂質 1g), ビタミンK 13% , ビタミンB9 13%

3. ピーマンとカッテージチーズ

ピーマン小を縦半分に切り、種を取り除き、50g の好みの味付けをしたカッテージチーズを詰めます。

栄養素：44kcal, たんぱく質 6g, 炭水化物 3g (糖質 3g)、ビタミンＣ 49%

4.　お餅とピーナツバター

餅１個に大さじ１杯のピーナツバターをぬります。

栄養素： 129kcal, たんぱく質 5g, 炭水化物 10g (食物繊維 1g, 糖質 1 g　)、脂質 8g (飽和脂質 1g)、ビタミンＢ３ 10%

5.　セロリスティックとゴートチーズとグリーンオリーブ

中サイズのセロリスティック３本に、大さじ３杯のゴートチーズとスライスした３個のオリーブをのせます。

栄養素：102kcal, たんぱく質 4g, 炭水化物 6g (　食物繊維 3g)、脂質 6g (　飽和脂質 4g)、カルシウム 12%, ビタミンＫ　45%，ビタミンＡ　18%，ビタミンＢ９ 12%

6.　　ヨーグルトとドライゴジベリー

150gの低脂肪ヨーグルトに10gのゴジベリーを混ぜます。

栄養素：134kcal, たんぱく質7g, 炭水化物19g (　食物繊維1g, 糖質18%), 脂質4g (　飽和脂質1g), カルシウム27%, 鉄分24%, ビタミンC　13%，ビタミンB２19%，ビタミンB１２　13%

7.　　リンゴとピーナツバター

リンゴ小をスライスし、小さじ１杯のピーナツバターをぬります。

栄養素：189kcal, たんぱく質4g, 炭水化物28g (食物繊維5g, 糖質20g), 脂質8g　(　飽和脂質1g), ビタミンC 14%，ビタミンB３　14%

8.　　ギリシャヨーグルトの苺和え

150gのギリシャヨーグルトに中サイズの苺５個をそれぞれ半分に切り、混ぜます

栄養素 150kcal, たんぱく質 11g, 炭水化物 10g（ 糖質 10g), 脂質 8g（ 飽和脂質 5g), カルシウム 10% , ビタミンＣ 60%

9. ミックスナッツ

10g のウォールナッツと 10g のアーモンドと 30g のレーズンを混ぜます。

栄養素： 217kcal, たんぱく質 4g, 炭水化物 25g (食物繊維 2g, 糖質 17g), 脂質 13g（ 飽和脂質 1g), マグネシウム 10%

10. ハムとセロリのスティック

６本の中くらいのセロリスティックを３枚のハムで巻き、全粒マスタード小さじ１杯といただきます。

栄養素: 129kcal, たんぱく質 15g, 炭水化物 6g （食物繊維 6g), 脂質 3g, カルシウム 12%, ビタミンＡ 24%, ビタミンＣ 12%, ビタミンＫ 90%, ビタミンＢ１ 18%, ビタミンＢ２ 12%, ビタミンＢ３ 24%, ビタミンＢ６ 15% , ビタミンＢ９ 24%

11. ヨーグルトのトロピカルフルーツ和え

150g のギリシャヨーグルトに 2/1 カップの刻んだキウイフルーツと 1/4 カップの刻んだマンゴーを混ぜます。

栄養素：210kcal, たんぱく質 12g, 炭水化物 25g （ 食物繊維 2g , 糖質 19g), 脂質 8g （ 飽和脂質 5g), カルシウム 13%, ビタミンＡ　11%, ビタミンＣ　155% , ビタミンＫ　46%

12. ブルーベリーヨーグルト

150g の低脂肪ヨーグルトに 2/1 カップのブルーベリーを混ぜます。

栄養素： 136kcal, たんぱく質 8g, 炭水化物 21g （ 食物繊維 2g , 糖質 18g), 脂質 3g （ 飽和脂質 1g), カルシウム 27%, ビタミンＣ　13%, ビタミンＫ　18%, ビタミンＢ２　21%, ビタミンＢ１２　13%

13. ポップコーン１カップ

栄養素: 31kcal, たんぱく質 1g, 炭水化物 6g (食物繊維 1g)

14.　　ひよこ豆のロースト

栄養素 50g: 96kcal, たんぱく質 4g, 炭水化物 13g (　食物繊維 4g , 糖質 2g), 脂質 3g

著者によるその他の作品

体重を減らすジュースレシピ 50:

10 日以内に痩せる方法

究極の体づくり：

薬やシェイクなしで、プロのボディビルダーやコーチの間で利用されている、体調・栄養・精神的な強さを、向上させるための効果的な秘密とコツを学びます

www.ingramcontent.com/pod-product-compliance
Lightning Source LLC
Chambersburg PA
CBHW070153080526
44586CB00015B/1966